RICETTE NELLA CUCINA AYURVEDICA

Sommario

RICETTE NELLA CUCINA AYURVEDICA 1

INTRODUZIONE 5

I CIBI SECONDO L'AYURVEDA 13

    I CEREALI 13

    I LEGUMI 15

    LA CARNE 17

    LA VERDURA 19

    LA FRUTTA 22

    LA FRUTTA SECCA 25

    FORMAGGIO E DERIVATI 25

    OLIO 28

    LO ZUCCHERO 29

    LE SPEZIE 30

    NAAN 37

    PARATHA 43

SAMOSA	47
MASALA DOSA	54
RISO BIRYANI	62
CREMA DI ZUCCA CON FINOCCHIO E GINGER	66
ZUPPA ORZO	70
MANGO DAHL	74
CHANA MASALA	78
PALAK PANEER	82
ALOO GOBI	86
MELANZANE SPEZIATE	89
VERDURE CON MASALA	93
TANDOORI CHICKEN	97
MANZO CON SALSA DI YOGURT E CETRIOLO	100
CAPRETTO AL CURRY	103
KERALA FISH CURRY	106

RASMALAI 110

PALLINE DI SESAMO 113

MASALA CHAI 115

BADAM DOODH 119

LASSI 123

INTRODUZIONE

Diceva Charaka che la vita di tutti gli esseri viventi è il cibo, tutti hanno bisogno di cibo e tutti lo cercano. La carnagione, la lucidità, la bella voce, la longevità, la capacità di comprendere, la felicità, la soddisfazione, la crescita, la forza e l'intelligenza, si fondano tutte sul cibo. Di tutto ciò che promuove la felicità terrena, di tutto ciò che riguarda I sacrifici vedici e di ogni azione che conduce alla salvezza spirituale, si dice che sia basato sul cibo.

L'alimentazione corretta è essenziale, e non vi è nulla di più importante poiché, secondo l'Ayurveda, si è ciò che si mangia.

È grazie al cibo che assimiliamo le sostanze nutritive vitali, ed è grazie a queste sostanze che vengono prodotti I tessuti, le ossa e il sangue, che si manifestano nella loro qualità.

Un cibo di cattiva qualità induce a produrre sangue e tessuti e ossa di cattiva qualità, un cibo sano, invece, concorre alla produzione di tessuti, organi, sangue, ossa di migliore qualità.

Secondo l'Ayurveda poi, il cibo che assumiamo andrebbe prodotto con le nostre stesse mani; non un caso che molti cuochi in India siano anche brahmini, ovvero sacerdoti.

Assumere cibo e digerirlo significa offrire al fuoco sacro un sacrificio. Quel fuoco sacro dell'organismo è il nostro potere digestivo che viene assunto dallo stomaco.

Come un alchimista, noi siamo i sacerdoti del nostro fuoco interiore e siamo in grado di trasformare le materie prime, grazie alle funzioni del corpo, in rasa e ojas.

Ogni pensiero, ogni nostra azione, è responsabile di questa trasformazione che avviene dentro di noi e, come bravi cuochi in cucina, assimiliamo cibi abbinandoli con altri, assumendoli in alcune ore particolari della giornata, e così via, in modo da creare "ricette interiori" che ci permettano di produrre quelle sostanze essenziali e più pure che nutrono il nostro corpo e la nostra mente.

Non tutti i cibi sono indicati per ognuno di noi, perciò le ricette variano.

A seconda della costituzione, della stagione, dello stato emotivo, delle circostanze, verranno assunti, per una corretta alimentazione di spirito e corpo alimenti differenti, cotti in modo differente.

La digestione si divide in tre fasi: quella a "crudo", in cui agisce kapha, e in cui il gusto predominante sarà quello dolce. La seconda fase è quella di "cottura", in cui il gusto predominante è quello acido, coinvolge l'intestino tenue ed è un'azione dominate da pitta. Infine, la fase che avviene nel colon, governata da vata, in cui il cibo ha raggiunto la cottura completa e dove prevale il gusto piccante.

Il cibo crudo è impuro, perciò necessita della purificazione messa in atto dal fuoco digestivo pitta, in modo che possa infine essere assimilato bene dall'organismo.

Sostanzialmente i cibi si dividono tra cibi "freddi" e cibi "caldi", suddivisi a loro volta nei cinque sapori: "piccante", "acido-aspro", "amaro", "dolce", "salato".

Il sapore è ciò che produce il cibo una volta che questo viene assimilato dall'organismo.

Viene chiamata Virya la Potenza, e quindi quell'effetto che viene prodotto durante la digestione, mentre viene chiamato Vipaka, l'effetto della postdigestione.

I cibi caldi sono generalmente acidi, salati, piccanti, mentre quelli freddi sono amari e dolci, talvolta astringenti.

Gli effetti postdigestivi possono essere di effetto dolce, in cui si genera kapha, si rafforza l'organismo e si accrescono i tessuti; un effetto acido, che genera pitta e scalda fino a bruciare i tessuti; un effetto piccante, che accresce vata e asciuga I tessuti.

Vipaka è, dunque, il sapore del cibo digerito e indica la Potenza energetica di quel cibo.

Importante sarà assimilare il cibo a noi adatto perché siano rispettati i doshas, ovvero Vata Pitta e Kapha, che riguardano anche la nostra costituzione, la stagione, il momento della giornata, in accordo con i doshas del cibo, che può essere a sua volta più tendente a vata, a pitta o a kapha.

Ogni materia prima commestibile che troviamo in natura presenta dunque le sue caratteristiche che rispettano la logica dei tre doshas e della natura calda-fredda, che può essere indicata anche come pesante-leggera.

Ogni pasto, deve essere equilibrato, ciò significa che deve comprendere alimenti sia freddi che caldi, pesanti e leggeri, in quantità tali da comporre la pietanza nel piatto in modo che gli ingredienti tra loro siano in armonia.

Generalmente prodotti come il latte o la carne di manzo sono pesanti rispetto al riso o la cacciagione, considerati più leggeri.

Gli alimenti cotti sono preferiti a quelli crudi, perché più leggeri, mentre i prodotti conservati sono più pesanti rispetto ai cibi freschi, che sono considerati leggeri.

Il vino d'annata o i cibi stagionati in generale sono considerati più leggeri rispetto a cibi più pesanti come quelli giovani.

Anche il sesso degli animali incide in questa distinzione: la parte della carne animale superiore sarà più leggera se di animale femmina, mentre per l'animale maschio è considerata la parte inferiore quella più digeribile, e quindi leggera.

Tutti gli animali che vivono in habitat pesanti e si nutrono di cibo pesante, come il pesce di lago, le anguille, sono considerati pesanti, proprio come il cibo che essi stessi mangiano.

Leggeri saranno, perciò, rispetto a quelli di lago, i pesci di mare.

Certamente la massa grassa della carne è considerata più pesante rispetto alla parte più acquosa e carnosa, mentre il midollo si presenta più pesante dello stesso grasso.

Il pesce è caldo e dolce, quindi molto indicato per i soggetti kapha; i frutti acidi aiutano pitta, senza aumentare il fuoco e, quindi, senza che questo vada in eccesso.

Tutto il cibo puro è sempre preferibile a quello

impuro, quindi le coltivazioni che insistono con i pesticidi sono da evitare, l'acqua pura sarà migliore di quella in bottiglia, e così via.

Anche il cibo autoctono è preferibile a quello da importo: il caffè, le ananas, il cocco, che non fanno parte della nostra flora, andrebbero consumati soltanto dove vengono prodotti, ovvero all'origine.

I CIBI SECONDO L'AYURVEDA

I CEREALI

IL GRANO:

Il grano è dolce, pesante e oleoso. È responsabile della consistenza di tutti i tessuti e degli organi, è energizzante e riequilibrante. Aiuta Vata e Pitta.

IL GRANOTURCO

È asciutto e caldo. Quando assunto senza condimento, senza olio ad esempio, aumenta Vata.

L'ORZO:

È asciutto, fresco, dolce, leggero, aumenta Vata, aiuta l'intestino, riequilibra, può essere astringente, rivitalizza, cura Kapha e Pitta. Ottimo come ricostituente.

IL RISO:

Il riso, come abbiamo detto, è sempre presente nell'alimentazione, specialmente quella Indiana.

È dolce, freddo, leggero. Compatta le feci, cura pitta, favorisce Vata. È ricostituente, ma si dà anche al malato. Cura le infiammazioni intestinali, può essere più nutriente e stimolante con aggiunta di olio.

I LEGUMI

I CECI I PISELLI LE LENTICCHIE:

Sono tutti e tre freschi, leggeri e dolci. Aiutano Pitta e Kapha, e aiutano ad asciugare l'organismo. Se si è in eccesso di Vata sono invece controindicati.

LE LENTICCHIE GIALLE

Molto comuni in India, spesso spezzate, aumenta Pitta. In India si usa per aumentare la lattazione.

IL SESAMO

Anche se non esattamente un legume, è così che però viene classificato secondo la tradizione ayurvedica. È dolce, amaro e astringente, caldo e aiuta la digestione.

Ottimo per la pelle e i capelli, ringiovanisce, favorisce la robustezza delle ossa. Cura l'ulcera.

Il suo olio in India è sempre presente nei preparati medicamentosi.

LA CARNE

La carne certamente ha proprietà rinvigorenti, ma non è un alimento che l'Ayurveda sempre consiglia. La cacciagione è sempre preferita alla carne di allevamento e alcune carni sono predilette rispetto ad altre, come ad esempio la capra e il pollo rispetto al manzo, che per gli induisti è persino proibita.

CAPRA:

È molto consigliata, non è grassa, non è pesante, ed ha forti poteri riequilibranti ed armonizzanti per tutti e tre i doshas.

MAIALE:

È pesante, aumenta la massa grassa, cura vata.

MANZO:

Cura Vata e aiuta a diminuire il fuoco digestivo.

PESCE:

Dolce, pesante, unto, caldo, cura Vata. Come abbiamo visto prima, il pesce di mare è preferibile a quello di lago o di stagno o di fiume che certamente risultano più pesanti a causa della loro stessa alimentazione; ma mentre il pesce di lago aiuta pitta, nel caso del pesce di fiume pitta si aggrava.

LA VERDURA

L'AGLIO:

L'aglio ha proprietà davvero potenti, e secondo molte leggende e tradizioni guarisce da moltissime malattie. Con forti proprietà antibiotiche, considerate una panacea, ma può aumentare le tossine nel corpo, altrimenti dette tamas. L'aglio aiuta vata e kapha, aumenta pitta, è pesante, aiuta la vista, e si dice faccia concepire figli intelligenti. Rafforza le ossa, aiuta a curare la tosse, e le patologie vata, come la secchezza della pelle; previene le malattie cardiache e quelle croniche, come l'asma.

È infatti noto, che in caso di assenza di medicinali, come in guerra, l'aglio sia stato sempre molto usato come potente antibiotico, per curare malattie da freddo, la febbre, la polmonite, a bronchite, e altri tipi di influenza.

È facilmente assimilabile dall'organismo e uno spicchio è sufficiente per curare il raffreddore.

Lo stesso aglio ha proprietà antisettiche e viene usato per "disinfettare" il cibo. Può essere assunto fresco, in polvere, sott'olio, e in India è utilizzato per molti preparati medicamentosi.

LA CIPOLLA

Aumenta Kapha e cura Vata. La cipolla, aggrava Pitta. È pesante, piccante se cruda, dolce quando cotta. Stimola il cuore, aiuta la secrezione della bile, quindi stimola la cistifellea, reduce gli zuccheri nel sangue, e anche i gas intestinali. È battericida, e cardiotonica.

Per gli indiani è considerate fortemente afrodisiaca ed è in grado di aumentare lo sperma. Cura l'alopecia, l'asma, la dissenteria, I calculi renali, le emorroidi, l'infarto e soprattutto i reumatismi.

LO ZENZERO

Come l'aglio, anche lo zenzero è considerato una panacea, altrimenti conosciuto come "il rimedio universale", infatti è molto presente nella cucina Indiana, quasi non c'è piatto che non venga preparato con l'aggiunta di zenzero.

È piccante, dolce, caldo, vipaka dolce. Può aumentare Pitta, specialmente quando crudo e fresco. D'estate, in caso di febbre o malattie della pelle, è meglio non utilizzarlo, a causa del potere stimolante su Pitta.

Favorisce la circolazione, aiuta la digestione e si consiglia di mangiarne sempre un pezzettino dopo i pasti, con un po' di salgemma.

Ha varie proprietà curative e, se applicato in polvere sulla testa e la fronte, cura le cefalee.

Se bevuto in acqua o latte caldi, aiuta a guarire dalle malattie da freddo. Ottimo per la tosse, la bronchite, la nausea e il vomito.

LA FRUTTA

L'ARANCIA:

L'arancia: dolce, acida, pesante, stimolante. Cura Vata.

LA BANANA:

È il frutto della fecondità, combatte diarrea e stitichezza, quindi resta un toccasana per le funzioni intestinali.

IL DATTERO:

È dolce, pesante e fresco, tonificante. Cura vata e pitta.

IL FICO:

Dolce, nutriente, pesante, fresco, è lassativo e riequilibra vata e pitta.

IL LIME:

Acido, amaro, astringente, raffreddante, vipaka dolce. Può aggravare pitta se consumato eccessivamente. È antisettico, battericida, tratta le eruzioni cutanee e la forfora. Cura la digestione, la stitichezza, aiuta in caso di diabete, cura fegato e milza, I reumatismi.

IL MANGO:

Il mango in India è il Re della frutta. Calma Vata, tonifica il corpo, rinvigorisce. È lassativo e diuretico.

LA MELA:

Cura la stipsi e la diarrea, quindi ha forte potere riequilibrante per l'intestino. È dolce, fresco, vipaka picante e aumenta vata.

LA MELAGRANA

La melagrana è considerato un frutto magico. È amara, astringent, dolce, freddo. È untuoso, aiuta la digestione, riequilibrante per tutti e tre i doshas. Cura vata e pitta. Ringiovanisce, previene i radicali liberi, specialmente il suo succo. Cura la diarrea e il mal di stomaco.

NOCE DI COCCO:

Dolce, unto, freddo, rinvigorisce l'organismo.

Il latte favorisce I reni, se consumato secco, diventa più caldo. L'olio è usato per trattare i capelli.

LA PERA:

Calda, ma non troppo, aumenta Vata, ma è un frutto molto equilibrato per i tre doshas, vata, pitta e kapha.

LA PESCA:

Non molto calda, pesante e dolce. Rinvigorisce, molto consigliata.

LA FRUTTA SECCA

La frutta secca, come le mandorle, le noci, le nocciole, i pistacchi, le arachidi, è pesante, unta, calda. Nutre, tonifica, cura vata, aumenta pitta e kapha. La mandorla, di tutta la frutta secca, è considerata la migliore e con forti proprietà ringiovanenti.

FORMAGGIO E DERIVATI

Non esiste presso la cultura Indiana, una grande tradizione di produzione di formaggi; a parte il burro, lo yogurt, il latte, ovviamente, e qualche formaggio naturalmente cagliato (essendo poi il caglio di per sé di origine animale e vaccino), essendo gli indiani di origine nomade, ciò che più utilizzavano e maggiormente producevano erano proprio il latte e il burro.

IL BURRO:

Il burro indiano non è come il nostro burro bianco, ma subisce un processo detto di chiarificazione, viene cioè fatto cuocere, in modo da potersi conservare anche fuori dal frigo e a temperature ambientali maggiori di quelle a cui noi siamo abituati e soliti mantenere questo cibo.

La chiarificazione aiuta ad eliminare ogni residuo acquoso ed eventuali batteri, di modo che il burro non vada mai a male.

Appare infatti più giallo del nostro e molto più dolce al sapore, e viene chiamato ghee o ghi.

È un cibo unto, dolce, fresco, cura vata e pitta. Disintossica e cura la febbre, rinvigorisce.

IL LATTE:

Il latte è considerato presso gli indiani, quasi un'essenza di lunga vita.

Essendo, infatti, l'essenza nutritiva che viene secreta dal corpo animale per nutrire il piccolo, è considerato un alimento divino. Fa bene ai bambini, aiuta l'attività sessuale, rafforza i tessuti, rinvigorisce. È dolce, fresco, unto, lucido, mantengono giovane l'organismo.

Cura l'insonnia, placa il fuoco digestivo.

LO YOGURT:

Stimola l'appetito e la digestione. Nutre, è acido, dolce, caldo. Cura vata, aumenta pitta e kapha. Cura la diarrea, la febbre, l'inappetenza. Non indicato durante l'estate, è invece buono per la primavera.

OLIO

Il ghi resta molto più importante e in cima alle classifiche secondo l'ayurveda. Forse anche per tradizione. Ma certamente l'olio e tutti gli oli di semi in generale, vengono oggi largamente consumati.

L'olio di sesamo è certamente considerato il migliore anche da consumare internamente, dal momento che molti oli si utilizzano per uso esterno. Questo rafforza I capelli, aiuta il fuoco digestive, rinvigorisce. Cura vata. È dolce, caldo, aumenta anche kapha.

Gli altri oli sono considerati, in generale, come gli stessi prodotti da cui derivano.

LO ZUCCHERO

La canna da zucchero, molto diffusa in India, viene consumata anche come bibita dissetante, quanto la spremuta fresca.

Ha proprietà dunque rinfrescanti e anche lassative.

Il miele, invece, è sempre meglio consumarlo crudo, ma scaldato.

LE SPEZIE

L'ALLORO:

Piccante, dolce, caldo, vipaka piccante. Diminuisce vata e kapha, aumenta pitta. Ottima per i problemi respiratori.

L'ANETO:

Vengono utilizzati soprattutto i semi, ma anche le foglie. Ha molte proprietà, tra le quali cura il gas intestinale, favorisce la digestione.

IL CARDAMOMO:

Dolce, piccante, caldo, ma non influisce su pitta.

Aiuta la digestione, rinvigorisce, ringiovanisce, purifica il calore impuro dell'organismo, cura i gonfiori addominali, la debolezza del cuore, la tosse.

Riduce l'acidità e infatti in Oriente si usa anche nel caffè.

LA CANNELLA:

Piccante, dolce, amaro, vipaka dolce. Riequilibria kapha e vata, senza provocare eccesso di pitta. Ha molte proprietà simili allo zenzero. Cura il mal di denti.

IL CORIANDOLO:

Piccante, rinfrescante, stimola l'appetito, cura vata e kapha. Elimina il calore impuro in eccesso dall'organismo.

LA CURCUMA:

Si può mangiare fresca o si può utilizzare essiccata. È un toccasana per il fegato e per tutte le malattie della pelle. Amara, astringente, picante, riequilibria tutti e tre i doshas,ma può causare un aumento di vata e kapha. È battericida e viene utilizzata moltissimo in cucina. Ha forti proprietà antisettiche ed elimina i veleni dal corpo. Spesso utilizzata anche per curare le ferite.

IL CUMINO:

Piccante, acido, caldo, vipaka piccante. Aiuta la digestione, riequilibra vata e kapha, aumenta pitta. Regola l'intestino.

IL FIENO GRECO:

Il fieno Greco ricorda molto nelle sue proprietà quelle dell'aglio. È piccante, amaro dolce, caldo, vipaka picante. Fa decrescere vata e kapha. Se consumato in eccesso, può aumentare pitta. Ottimo per le malattie polmonari, per placare il sistema nervoso, regolarizza soprattutto il ciclo mestruale.

Si utilizza per purificare l'organismo, quindi cura le impurità della pelle e rinvigorisce l'organismo.

Cura l'influenza, le malattie da freddo, cura l'insonnia se bevuto in tisane, ma anche la depressione e le nevrosi. Rafforza il fegato, se se ne consumano i germogli, aumenta lo sperma.

IL FINOCCHIO:

I semi di finocchio si trovano sempre a fine pasto nei ristoranti, serviti in un piccolo vassoio con dello zucchero. Favoriscono infatti la digestione. Ma si possono utilizzare anche in bevande come tisane e decotti: riduce i gas intestinali e i gonfiori addominali, previene i dolori mestruali e regola il ciclo. Stimola la lattazione.

LA NOCE MOSCATA:

È piccante, calda , astringente, vipaka piccante, stimola la digestione, fa decrescere vata e kapha, aumenta pitta. La sua polvere è un ottimo rimedio per la diarrea, e tutte le patologie intestinali. Favorisce il sonno, cura l'impotenza e l'eiaculazione precoce.

IL PEPE NERO:

Piccante, caldo, vipaka piccante. Diminuisce vata e kapha, aumenta pitta, ma non in modo eccessivo, quindi è considerato un ottimo riequilibrante per i tre doshas.

Viene molto utilizzato per condire verdure, ma anche frutta, in modo da "riscaldare" quelli che sono considerati cibi molto freddi, come anche quelli crudi. Elimina le tossine, cura dalle malattie da freddo, può irritare se consumato in eccesso.

IL PEPERONCINO:

Caldo, piccante, vipaka piccante. Abbassa kapha, aumenta pitta. Controlla vata. Aiuta la sudorazione del corpo e, quindi, l'eliminazione delle tossine, ma se consumato in eccesso aumenta pitta con incremento di vata.

LA SENAPE:

Ne esistono sette tipi; in India si utilizza quella

rossa, quella Bianca e quella nera . Calda, pungente, ottima come rimedio per patologie da freddo.

LO ZAFFERANO:

Lo zafferano è certamente la più preziosa delle spezie. Vengono collezionati gli stigmi, colti solitamente a mano ad uno ad uno dalle donne. Tipico degli altipiani, come quello del Kashmir, ha antichissime tradizioni. I crochi, cosiddetti, hanno un colore violaceo e vengono colti al mattino presto. Essendo così piccolo, per avere mezzo chilo di zafferano, è necessario raccogliere almeno 100.000 fiori. È piccante, amaro, dolce, caldo, vipaka dolce.

Cura le patologie che affliggono l'apparato riproduttivo, ma è anche considerato davvero la panacea più nobile che la natura abbia mai prodotto. Regolarizza Il ciclo, cura i dolori mestruali, promuove la fecondità.

Spesso aggiunto a latte caldo, è usanza

servirlo anche per strada durante l'inverno in India ed ha un sapore davvero piacevole e profumato. Libera la testa dall'affaticamento e previene dal freddo.

È calmante, anche per la tosse, oltre che per lo spirito.

Migliora la qualità della pelle, rinvigorisce, ed è considerata spezia divina.

NAAN

INGREDIENTI:

farina di frumento tipo 0 500gr

acqua q.b (almeno 1lt)

sale 1 cucchiaino

Per coloro che non hanno mai mangiato un naan, ovvero un pane speciale indiano cotto in forno, piatto e rotondo, offriamo qui una breve descrizione, essendo un elemento essenziale della cucina indiana, sempre presente a tavola e comune a tutta l'India. Il naan è preparato con farina bianca, lo si può trovare di farina integrale nelle alte montagne himalayane, dove ancora i villaggi ricorrono agli antichi mulini sul fiume per macinare la farina. Ad ogni modo, il naan è un pane soffice e molto gustoso.

Questo tipo di impasto e di cottura aiuta a ridurre il contenuto di glutine presente nella farina di grano.

Se non avete il tandoori a disposizione, forno verticale tipico dell'India, potrete utilizzare una padella appena imburrata oppure la classica padella per fare le crêpes.

In India si mangia con le mani, il naan dunque viene utilizzato principalmente per afferrare il cibo dai piatti. Se ne stacca un pezzetto che viene preso tra le tre dita della mano destra, pollice indice e medio, per pizzicare il cibo e portarlo alla bocca, evitando di sporcarsi.

Ecco perché a tavola non manca mai.

L'abitudine di mangiare con le mani il cibo è un'antica tradizione, e mangiare con la destra significa concedere a questo gesto la purezza che la mano destra esprime, mentre con la sinistra, considerata per la tradizione indiana, impura, si compiono solitamente gesti considerati altrettanto impuri, come, ad esempio, farsi il bidet!

Il naan deve essere soffice per poter assorbire bene le pietanze che solitamente sono brodose o ben sugose. È perfetto per tutti i piatti con il curry e le spezie, poiché smorza il sapore e mitiga il piccante.

Esistono molti altri tipi di pane, alcuni dei quali descriveremo e vi insegneremo a preparare nelle ricette subito successive, come ad esempio la paratha, che è un pane che si prepara con impasto di patate; esiste anche i roti, un impasto di pane con aggiunta abbondante di ghi, il puri, un pane fritto che si mangia anche per colazione.

Certamente, essendo il naan fatto di grano, è un cibo dolce, fresco e pesante. Cotto nel forno aumenta la sua qualità vata, poiché si asciuga. Ha proprietà vitalizzanti e anche afrodisiache.

Ci sono tre ingredienti che potrebbero essere

aggiunti alla comune farina e all'acqua, e che servono per preparare il semplice naan; questi ingredienti sono: farina di mandorle, la tapioca, e il latte di cocco. Se si aggiungono questi ingredienti, certamente, il naan assumerà un sapore più dolce e sarà più adatto per accompagnare il dessert.

Volendo si può aggiungere del ghee all'impasto, per renderli ancora più soffici e farli diventare tipo roti. Comunque largo alla fantasia! Potrete anche usare delle spezie per colorarli, come il giallo della curcuma o il rosso del garam masala.

Con aggiunta di ghi aiutate il fuoco digestivo a lavorare meglio, con l'aggiunta di curcuma prenderete cura del vostro fegato, con l'aggiunta di garam masala farete contento il vostro palato, a chi ama il molto speziato, ben inteso.

PREPARAZIONE:

Preparare il naan è molto semplice. Prendete la farina e cominciate ad aggiungere a questa l'acqua, non troppo fredda, maglio se tiepida. Lavorate l'impasto che dovrà risultare elastico ed asciutto. Aggiungete acqua finché necessario. La quantità d'acqua per ½ kg di farina a volte può variare dalla stagione e dalla temperatura dell'ambiente in cui si lavora, proprio come quando si fa il pane.

Indicativamente, servirà 1lt di acqua ogni ½ kg di farina per il tempo della lavorazione. Una volta che l'impasto ha raggiunto l'elasticità giusta, lasciate riposare per un'ora vicino ad una fonte di calore, non eccessiva.

Riprendete l'impasto e lavoratelo di nuovo come prima, e aggiungete acqua se necessario. Lasciate riposare per un'altra mezz'ora.

Prendete di nuovo l'impasto e fate tante

piccole palline della grandezza di un pugno. Schiacciate le palline ad una ad una aiutandovi con un mattarello.

Cuocete in padella, appena imburrata, oppure in un forno preriscaldato a 180-190C per 10'-15'.

Il naan deve risultare soffice e profumato

PARATHA

INGREDIENTI

farina bianca 150 gr

farina integrale 00 150 gr

patate 3

rametti di prezzemolo 6

acqua q.b.

olio extravergine di oliva q.b.

sale q.b.

La paratha è una altro tipo di pane indiano. Prepararlo è facile. È un piatto più nutriente del solito pane, grazie al fatto che contiene patate nell'impasto. È un modo per rendere più ricco l'apporto nutritivo, essendo legata alla tradizione popolare e povera. I benefici sono simili a quelli del naan, con la differenza che l'aggiunta di patate rende un pochino più pesante questo pane. Resta comunque digeribilissimo e godibilissimo, ottimo per accompagnare stufati di carne o pesce o legume, proprio come il più semplice naan.

PREPARAZIONE

Scegliete bene il vostro piano di lavoro sul quale verserete entrambi i tipi di farina.

Cominciate versando dell'olio e poi, piano piano, l'acqua, mentre iniziate ad impastare bene per ottenere una pasta liscia, omogenea, elastica e abbastanza asciutta.

Quando l'impasto avrà raggiunto la consistenza ideale, fatene una palla e riponetela in un canovaccio appena umido, ma non bagnato e lasciate riposare per un'ora.

Riprendete l'impasto e lavoratelo di nuovo.

Fate riposare per un'altra mezz'ora.

Riprendete l'impasto e fatene tante piccole palline, che farete riposare per un'altra mezz'ora.

A parte, mentre attendete, fate lessare le patate in abbondante acqua leggermente salata.

Quando le patate saranno pronte, spellatele e tagliatele a pezzetti.

Sul piano da lavoro, spolverate un po' di farina e prendete una pallina, mettetela al centro, schiacciatela come un dischetto con il mattarello e adagiatevi al centro un po' di patate con il premezzemolo. Prendete un'altra pallina e schiacciatela sopra a chiudere il dischetto.

Prendete il mattarello e cominciate a lavorare questo disco più robusto, in modo da amalgamare le patate all'impasto di pane.

In una padella versate un po' di olio (o di ghi) e fatelo scaldare. Cuocete nella padella il vostro dischetto fino alla sua indoratura e ripetete il passaggio con tutte le altre palline.

Servitele su un piatto e salatele leggermente in superficie.

SAMOSA

INGREDIENTI

farina 500gr

acqua q.b.

olio 1 bicchiere

sale q.b.

patate 5

piselli 200gr

carote 3

coriandolo 1 cucchiaino

cumino 1 cucchiaino

finocchio 1 cucchiaino

zenzero 1 pezzetto

peperoncino 2 freschi

curry 1 cucchiaio

ghi a piacere

Samosa è veramente molto comune, impossibile non riconoscerle nella loro forma conica e ricca di ripieno alla carne o verdure. Sono gustosissime e si possono servire come antipasto o come merenda.

Per questo sono note anche per essere lo street food per eccellenza in India e si possono mangiare accompagnate da salse allo yogurt, salse agropiccanti, agrodolci e alla menta.

È un piatto completo, anche se la frittura lo rende abbastanza caldo e pesante; contengono i cinque sapori e I cinque colori, e sono quindi considerate un piatto equilibrato, almeno che non se ne mangi troppe! Cosa facile che accada, poiché sono davvero il piatto dei golosi.

Le più comuni sono ripiene di patate, piselli, carote, e contengono spezie come la curcuma, il peperoncino e lo zenzero.

Per renderle più piccanti si aggiunge il garam masala, diventando così particolarmente speziate e profumate.

Non devono essere troppo unte, significa che non sono state fritte appropriatamente. Devono perciò risultare croccanti e asciutte.

Si possono tranquillamente fare in casa, anche se la preparazione richiede un po' di pazienza.

Si servono accompagnate dal masala chai, oppure, come detto, risultano essere un ottimo antipasto.

Sono un cibo vegetariano, ma ciò non toglie che si possa aggiungere della carne nel ripieno, per chi lo desidera.

I più fantasiosi aggiungono anche arachidi od anacardi e spesso, così fatte, piacciono molto anche ai bambini.

La salsa di accompagnamento in assoluto più indicata è il chtuney, ovvero una marmellata di cipolla e frutta speziata, che ricorda molto le nostre mostarde per le carni, ma molto più dolce.

PREPARAZIONE:

Versare l'olio sulla montagnetta di farina che avrete disposto sul piano di lavoro e cominciate a lavorare fino a che l'olio non sarà tutto assorbito dalla farina e aggiungete acqua man mano, quanto basta.

L'impasto dovrà risultare umido, elastico, non troppo secco, oppure la pasta si sfalderà e non risulterà abbastanza croccante alla fine.

Lasciate riposare l'impasto per 40'.

Prendete poi il mattarello e cominciate a

spianare l'impasto una volta e poi ripiegatelo, due volte e poi ripiegatelo, tre volte e poi così andate avanti per una decina di volte almeno.

Non deve essere finissimo, ma abbastanza da via via ripiegarlo e rischiacciarlo, fino a che lascerete l'impasto spianato ad uno spessore di circa ½ cm.

Se l'impasto dovesse asciugarsi, ungete un pochino il mattarello, senza aggiungere né acqua all'impasto, né altro olio.

Dopo che l'impasto avrà riposato, spianatelo e dividetelo in parti uguali, facendo tante piccole palline.

Dovrete fare con l'impasto tante piccole palle, avendo cura che, mentre siete all'opera, non si asciughi.

Schiacciate ogni pallina come un ovale.

Dividete ogni ovale in due parti, bagnate leggermente i bordi, e cominciate a riattaccarli dando loro la forma di un cono.

Riempite i samosa del ripieno (ricetta sotto: parte 2 il ripieno) aiutandovi con un cucchiaio.

Andranno fritte a fuoco medio, non altissimo.

Appena raggiungeranno un bel colore, potrete sfiammare la frittura e alzare il fuoco alla fine della cottura.

Le samosa possono anche essere congelate.

Volendo si potrebbero fare anche al forno, per 30'/35' in forno preriscaldato a 180C.

Parte 2- il ripieno

Bollite le patate oppure cuocetele in pentola a pressione. Pelatele. Tagliatele a cubetti.

Cuocete i piselli, bolliti o in pentola a pressione. Potete usare anche quelli già cotti in scatola, ma l'ayurveda lo sconsiglia, preferibili sono i cibi freschi e non conservati.

Scaldate in una padella I semi di cumino, di finocchio e il coriandolo. Lasciate che tostino leggermente. Aggiungere poi lo zenzero tritato, il peperoncino verde fresco, e soffriggete per un minuto.

Versate le patate a cubetti e i piselli in padella e saltate il tutto.

Aggiungete le spezie se lo desiderate, come il garam masala o ulteriore peperoncino. Aggiungete un po' di sale, meglio se quello himalayano.

MASALA DOSA

INGREDIENTI:

lenticchie 100 gr (meglio quelle gialle e spezzate o comunque quelle piccole)

riso 300 gr

fieno greco macinato 35 gr

acqua q.b.

sale q.b.

patate 5

curcuma 1 cucchiaino

coriandolo 1 cucchiaio

semi di mostarda 1 cucchiaino

anacardi 60 gr

cumino 1 cucchiaino

zenzero un pezzetto

cipolle 2

peperoncino verde fresco 1

Il Masala dosa è una crêpe di riso, lenticchie e patate, con l'aggiunta di spezie, molto comune al sud dell'India.

Si prepara mettendo dapprima a mollo le lenticchie, e poi macinandole insieme al riso. Questa "farina" così ottenuta, viene fatta fermentare per una notte e poi utilizzata per preparare l'impasto di queste crêpes, che risulta molto croccante e molto gustoso.

Di solito servite con le patate speziate, può essere accompagnato anche da altre verdure o fare da contorno per la carne.

Si serve anche con il pane o con lo yogurt di lato, per inzuppare la crêpes e renderla più fresca alla digestione.

PREPARAZIONE:

Per preparare il masala dosa, meglio utilizzare il riso spezzato o quello che viene utilizzato anche per fare il sushi, che risulta più glutinoso e gommoso. In ogni caso, qualsiasi tipo di riso, preferibilmente bianco, evitate quello integrale, andrà benissimo.

Ottima anche l'aggiunta di poha, ovvero i fiocchi di riso, che potrete acquistare in qualsiasi negozio di cibo etnico o macrobiotico.

All'impasto, tradizionalmente, vengono aggiunti anche i semi di fieno Greco, methi in hindi, anche questi passati al mortaio e resi in polvere. Aiutano a dare una consistenza croccante al dosa, una volta cotto.

Le proporzioni sono di 1 a 3 per le lenticchie e il riso, quindi 100 gr di lenticchie ogni 300gr di riso.

La padella, che utilizzate per fare queste crêpes, dovrà essere ben unta: utilizzate olio, oppure ghi.

Cominciamo mettendo il riso in un recipiente e in una ciotola più piccola, i semi di fieno greco macinati.

In un secondo recipiente, insieme alle lenticchie che avrete precedentemente messo a bagno, aggiungete il fieno greco e mescolate.

Aggiungete i fiocchi di riso, che avrete passato sotto l'acqua, al riso. Versate due bicchieri di acqua circa a questo impasto di riso e fiocchi di riso e mescolare bene, fino a quasi assorbimento.

Scolare via l'acqua rimasta dal recipiente del riso e da quello delle lenticchie.

Adesso passiamo a macinare l'impasto di riso

e quello di lenticchie e fieno greco, separatamente.

L'impasto umido, dovrà risultare come una pappa, e aggiungete acqua quanto basta se necessario.

Mescolate le due macinature insieme e girate fino a che si saranno ben amalgamate. Aggiungere un po' di sale.

Coprire il recipiente con un panno e lasciare riposare per 7-8 ore, o tutta la notte.

A parte preparate le patate:

Cuocete le patate, o bollite, oppure in una pentola a pressione.

Dovranno risultare ben cotte.

Pelatele e tagliatele a pezzetti, una volta cotte.

Ponetele in un recipiente e tritate a parte come un battuto (potete aiutarvi con una mezza luna) il coriandolo, zenzero, il peperoncino verde e le cipolle tritate finemente.

Scaldate il ghi o l'olio in una padella: fate tostare gli anacardi, leggermente.

Aggiungete i semi di mostarda e il cumino.

Aggiungete il battuto con le cipolle e le altre spezie e lasciate soffriggere, fino a che la cipolla non sarà appassita bene e imbiondita.

Aggiungere la curcuma e lasciare soffriggere un altro minuto.

A questo punto, versare le patate e lasciarle insaporire.

Aggiungere un po' di sale alla fine.

Versare questo impasto di patate speziate, ovvero la vostra masala per i dosa in un recipiente a parte.

Riprendete l'impasto di riso e lenticchie che avevate messo da parte a riposare.

Scaldate bene la padella, meglio se ne utilizzate una ben larga, di quelle per fare le crêpes. Ungetela con un po' di olio o imburratela con il ghi.

Mantenere la fiamma moderata, quasi bassa.

Spalmare un po' dell'impasto sulla padella e spianarlo bene, come quando si fa una crêpes.

Lasciate cuocere fino ad indoratura da una parte e poi, stando attenti, staccatela e giratela, lasciando che cuocia sull'altro lato.

Dovrà risultare dorata e croccante.

A perfetta indoratura, adagiate in mezzo al dosa, aiutandovi con un cucchiaio, un po' di impasto delle patate speziate.

Impiattate e servite.

Possono essere accompagnate con del chutney o con dello yogurt a parte.

Rende la ricotta più digeribile, fresca e gustosa.

RISO BIRYANI

INGREDIENTI

riso basmati 1 kg

ghi 2 cucchiai

chiodi di garofano 3

peperoncini verdi 3

anice stellato 1

cannella una piccolo stecca

cardamomo 4

zenzero 1 pezzetto

coriandolo 1 cucchiaino

aglio 3 spicchi

lime 2

zafferano 1 gr

Il riso biryani è un piatto molto comune, servito per accompagnare carni, pesce o verdure, pane, polpette kofta, zuppe, lenticchie e servito spesso con l'aggiunta di una spruzzata di limone.

Dal sapore fresco, aiuta la digestione di piatti più caldi o pesanti.

Ne esistono diverse varianti, ma certamente quella vegetariana preparata con latte di cocco o yogurt è abbastanza comune.

È un riso speziato, cotto nelle sue stesse spezie. Si trova il cumino, la curcuma, ma non è particolarmente caldo, quindi per renderlo un piatto equilibrato non useremo il garam masala, ma delle spezie fresche, che riequilibrano i doshas.

Per la guarnizione si possono usare degli anacardi o qualche fiocco di cipolla fritta.

Se volete un piatto davvero nobile e

perfttamente salutare, usate lo zafferano.

PREPARAZIONE:

Sciacquate il riso basmati sotto l'acqua, per un paio di volte e lasciatelo a mollo per una mezz'ora.

Scaldate due cucchiai di ghi sul fondo della pentola a pressione. Aggiungete al ghi appena scaldato i semi e le spezie.

Aggiungete al soffritto lo zenzero, l'aglio e il peperoncino finemente tritati (aiutatevi con la mezza luna per fare un battutino).

Lasciar soffriggere per qualche minuti a fuoco lento.

A questo punto aggiungere lo zafferano.

Aggiungere dentro la pentola a pressione a

questo soffritto, dell'acqua, 1/3 del volume del riso.

Mescolare.

Aggiungere il succo dei due lime.

Versare il riso e chiudere la pentola a pressione.

Il tempo di cottura sarà di circa 7-8 minuti.

Se non avete la pentola a pressione, usate una capiente normale. In questo caso, il volume dell'acqua dovrà essere poco meno del doppio di quella del riso. La cottura di circa 10'. Fino a che l'acqua non sarà completamente assorbita.

Potete servire il riso biryani con qualche fiocco di cipolla che avrete fritto a parte, magari con un po' di curcuma per dare colore e degli anacardi tritati.

CREMA DI ZUCCA CON FINOCCHIO E GINGER

INGREDIENTI

pepe nero 1 cucchiaio

zucca 2 kg

semi di finocchio 1 cucchiaio

aglio 2 spicchi

ghi 2 cucchiai

zenzero 30 gr

lime 1

cipolla bianca 2

sale himalayano 1 cucchiaio scarso

Questa deliziosa zuppa, ottima per l'autunno e rispettosa delle quattro stagioni se consumata tra fine settembre e novembre, è un ottimo rimedio per i dolori gastrici, ma anche le malattie da freddo. Il pepe nero aumenta il dosha kapha e mitiga pitta, quindi favorisce il transito intestinale e lo riequilibra in caso di infiammazioni, e favorisce il fuoco digestivo, senza aggravarlo. Non esagerare mai con il pepe nero, in generale, che è anche un ottimo rimedio per il raffreddore. La zucca è un ortaggio equilibrato, anche questa mitiga sia kapha che pitta. L'aglio è un antibiotico naturale, e in caso di febbre è un rimedio eccellente. Non esagerare in caso di disturbi gastrici, oppure eliminarlo direttamente dalla ricetta in caso di reflusso cronico. Il ghi viene aggiunto alla ricetta per renderla un ottimo piatto ricostituente, anche per i bambini. Il lime rinfresca e profuma, attiva le funzione epatobiliari. La cipolla bianca, quando cotta, perde la sua qualità forte di potenziamento del fuoco, quindi si rende molto più digeribile, e anche essa è un eccellente rimedio per le malattie da freddo. Il piatto, dunque, nel suo complesso mitiga Vata ed è un calmante perfetto, ma anche una fonte di energia, dopo che queste sono state consumate dal sole durante l'estate. Umidifica il corpo, nutre dunque i rasa e tutti i liquidi corporei. La zuppa di zucca fa bene anche a chi vuole perdere peso in modo sano e controllato.

PREPARAZIONE:

Prendere una casseruola e ungerla con il ghi. Aggiungere la cipolla mondata e tritata e lasciar soffriggere delicatamente. Aggiungere prima i semi di finocchio e lasciarli tostare leggermente, poi mettere il ginger e l'aglio fino ad imbiondirlo.

Versare a questo punto la zucca, precedentemente provata della sua buccia e tagliata a pezzetti e il succo di lime.

Aggiungere acqua, se necessario, e lasciare che la zucca appassisca (si cuoce abbastanza velocemente). Alla fine aggiungere il sale, preferibilmente quello himalayano e il pepe.

Aiutatevi con una forchetta o con un frullatore e rendete il tutto ad una crema.

Servire calda, magari con qualche naan di accompagnamento.

ZUPPA ORZO

INGREDIENTI

orzo 200 gr

verdure a scelta 200 gr (patate, carote, zucca, o secondo stagione)

ghi 1 cucchiaio

curry o garam masala 1 cucchiaio

senape 1 cucchiaino

cumino 1 cucchiaino

fieno greco 1 cucchiaino

cardamomo 1 cucchiaino

curcuma 1/2 cucchiaino

alloro qualche foglia

cipolla bianca 1

aglio 2 spicchi

zenzero 1 pezzetto

zafferano 1 gr

lime 1/2

La zuppa di orzo è nutriente, equilibrate e pacifica I tre doshas, Vata, Pitta e Kapha.

Con l'aggiunta di spezie si rende più digeribile, ed è ottima per coloro che sono di costituzione Vata, poiché calma il vento ed è leggermente sedativa.

PREPARAZIONE

Sciacquate l'orzo sotto l'acqua.

Cuocerlo in acqua bollente per circa 40-45'. Anche qui le proporzioni saranno di 1 a 3, ovvero 1 di orzo, 3 di acqua, perché non arriva a completo assorbimento, ma a fine cottura resti un po' di acqua.

Preparate il soffritto con la cipolla, tritata finemente, le spezie e le verdure.

Quindi, pulite dapprima le verdure e tagliatele in pezzetti longitudinalmente, poi mettetele da parte.

Pulite e mondate la cipolla, tritatela finemente insieme all'aglio, aiutandovi con la mezzaluna per fare un battuto fino fino.

Riscaldate in un grande wok o una casseruola, il ghi.

Versare il soffritto.

Versare il curry o il garam masala, ciò che avrete scelto, a vostro piacimento.

Unire le altre spezie e lasciare dorare leggermente a fiamma bassa.

Versare le verdure.

Lasciate saltare per qualche minuto.

Quando l'orzo sarà pronto, unirlo alle verdure, con la sua acqua, nella casseruola. Lasciate insaporire il tutto.

Lasciate bollire per 2 o 3'.

Spegnete il fuoco e aggiungete il succo del ½ lime lo zafferano.

Servite calda.

MANGO DAHL

INGREDIENTI

lenticchie gialle 200 gr

acqua ½ lt

sale 1 cucchiaio

curcuma 1 cucchiaio

olio di sesamo 1 cucchiaio

cumino 1 cucchiaino

cipolla 1

aglio 4 spicchi

ginger un pezzetto

coriandolo essiccato 1 cucchiaino

coriandolo fresco un mazzetto

peperoncino ½ cucchiaino

mango 2

Questa deliziosa pietanza è un ottimo rimedio ricostituente, ma anche adatto a quasi tutte le età e tipologie. Nel caso soffriate di bruciori di stomaco, potrete evitare di aggiungere il peperoncino e sostituirlo con un poco di curcuma in più. La lenticchia gialla, il mango, il cumino, la curcuma, sono ingredienti molto equilibrati e con l'aggiunta di zenzero promuovono il movimento dell'energia, favorendo il fuoco digestivo e il transito intestinale.

PREPARAZIONE:

Sciacquate bene le lenticchie.

Prendete una padella larga e dai bordi alti, meglio se tipo wok o casseruola. Versate l'acqua, le lenticchie, il sale, la curcuma.

Portate ad ebollizione e lasciate cuocere per

15'.

Da parte, in una padella, scaldate l'olio. Abbiamo consigliato quello di sesamo, ma anche di semi di girasole o olio di oliva extravergine andrà benissimo. All'olio, appena caldo, aggiungete il cumino e tostatelo leggermente.

Aggiungete la cipolla e attendete la sua indoratura.

A questo punto versate, insieme alla cipolla nella padella, l'aglio, il ginger schiacciato o tritato finemente, il peperoncino, un pizzico di sale, tenete la fiamma bassa e girate per mescolare gli ingredienti nell'olio per bene.

Prendete il composto quando sarà pronto e versatelo con il mango che avrete precedentemente mondato e tagliato a cubetti, tutto nella casseruola con le lenticchie.

Cuocete per 15' Aggiungete a fine cottura il coriandolo fresco tritato molto finemente.

CHANA MASALA

INGREDIENTI

cipolla 1

pomodoro 1

zenzero 1 pezzo

aglio 4 spicchi

peperoncino verde fresco 1

peperoncino rosso 1 cucchiaio

coriandolo 1 cucchiaio

garam masala 1 cucchiaio

curcuma 1 cucchiaio

ceci 700 gr

coriandolo fresco tritato per la guarnizione

olio q.b.

sale q.b.

acqua q.b.

La cucina indiana è salutare ma anche estremamente gustosa, e spesso può apparire anche molto forte a chi non vi è abituato. Pensate che il chana masala, ovvero questo mix di ceci molto speziati, vengono spessi serviti per colazioni con i puri, il pane fritto; è facile infatti trovare a chi si trova in viaggio, dei baracchini di street fodd appostati alle fermate degli autobus che al mattino presto servono questa delizia molto energetica a tutti i lavoratori che si trovano in transito. La consigliamo, secondo le regole della ayurveda, di non consumarla al mattino, e di non consumarla in piena estate, soprattutto se si soffre di problemi di gastrite, pesantezza e sovrappeso.

Resta comunque molto nutriente,

estremamente gustoso, energico e adatto a chi deve affrontare molte ore di lavoro.

PREPARAZIONE:

Mondate e tritate finemente la cipolla, il pomodoro, lo zenzero, l'aglio, il peperoncino verde ; preferibilmente usate la mezza luna, per ottenere un fine battuto.

Scaldate l'olio leggermente e versate il battuto, il tutto in una padella bella capiente e con bordi alti, meglio una casseruola o uno wok.

Aggiungete tutte le spezie, il peperoncino secco, il coriandolo, la curcuma, il garam masala e mescolate. Lasciate scaldare per due o tre minuti.

Versate i ceci, lasciate tostare qualche secondo e versate l'acqua, abbassando la fiamma. Lasciate cuocere. Circa 45', fino alla cottura dei ceci e lasciando assorbire bene l'acqua, fino a che non sia tutta evaporata. Eventualmente potete cuocere aggiungendo via via acqua se avrete precedentemente precotto i ceci.

Un altro modo è far andare i ceci a parte nella pentola a pressione per 40' e quando cotti versarli nel battuto che avete soffritto, per insaporirli.

Guarnire con il coriandolo fresco.

PALAK PANEER

INGREDIENTI

spinaci 1 kg

pomodoro 1

aglio 4 spicchi

cipolla 1

peperoncino verde 1

zenzero un pezzetto

paneer o tofu 250gr

Palak paneer è un piatto molto amato dai bambini in India.

I paneer è un formaggio che assomiglia molto al nostro primo sale, ma si ottiene senza l'uso del caglio (che è di origine animale, sarebbe lo stomaco di vitello essiccato), ma con una cagliatura naturale del latte, spesso ottenuta con l'aggiunta di qualche goccia di limone.

È un piatto molto comune ed estremamente digeribile, specialmente se non si aggiungono spezie ulteriori.

Palak significa spinaci, e quindi Palak paneer, significa formaggio e spinaci; ha l'aspetto di una crema e, perciò, facilmente proponibile come piatti ricco di verdura ai bambini capricciosi.

È indicato anche per i vegetariani. Se desiderate una versione totalmente vegana, potete usare il tofu al posto del paneer.

Si può servire con del riso bianco di accompagnamento.

PREPARAZIONE:

Portare una pentola di acqua ad ebollizione, e buttate gli spinaci perché si cuociano, con un pizzico di sale. Cuoceranno in fretta, in qualche minuto.

Scolateli.

In un frullatore, mettete gli spinaci, un pomodoro, 3 spicchi di aglio, lo zenzero e il peperoncino verde. Fate una purea e mettetela da parte.

In una padella, fate appassire con un po' di olio la cipolla con l'aglio rimasto.

Aggiungete un po' di acqua alla cottura se necessario.

Come ultima cosa, versate il paneer o il tofu e mescolate bene tutti gli ingredienti. Spengete il fuoco. Per ottenere una crema bella compatta, potete ripassare tutto nel frullatore di nuovo.

Servite con riso bianco a parte o con qualche naan.

ALOO GOBI

INGREDIENTI

olio 2 cucchiai

peperoncino rosso 1

aglio 2 spicchi

ginger un pezzetto

garam masala 1 cucchiaio

curcuma ½ cucchiaio

peperoncino ½ cucchiaio

cavolfiore 1

brodo ½ lt

sale himalayano

pepe nero ½ cucchiaino

coriandolo fresco 1 ciuffo

Aloo Gobi, letteralmente, patate e cavolfiore, è un piatto vegetariano, semplice e molto salutare.

Si può servire con o senza spezie, con o senza l'aggiunto di pomodori.

Accompagna di solito la carne, come il pollo o l'agnello. Va bene consumato a pranzo o a cena, essendo nutriente e molto digeribile.

PREPARAZIONE

In una padella molto capiente, preferibilmente uno wok, mettete a scaldare l'olio (o anche ilghi se preferite e lo avete).

Aggiungete il peperoncino fresco, l'aglio, lo zenzero, e soffriggete fino a che non si siano dorati.

Aggiungete al soffritto e a fiamma bassa il garam masala, la curcuma, e il peperoncino in polvere, tostandoli molto delicatamente per appena un minuto.

Aggiungete le patate che avrete pelato e tagliato a pezzi grossolanamente, il cavolfiore, tagliato a pezzi della stessa dimensione delle patate, e versate il brodo, alzate un po' la fiamma a questo punto e portate ad ebollizione. Riabbassate la fiamma.

Mettete un pizzico di sale e lasciate cuocere fino a che le patate e il cavolfiore non diventino teneri.

Quando è pronto potrete guarnire con il coriandolo fresco finemente tritato.

MELANZANE SPEZIATE

INGREDIENTI

melanzane 2

pomodori 2

semi di sesamo 2 cucchiai

arachidi 2 cucchiai

cocco grattugiato 2 cucchiai

curcuma 1 cucchiaio

coriandolo in polvere ½ cucchiaio

cumino ½ cucchiaio

garam masala ½ cucchiaio

peperoncini (rossi o verdi freschi) 2

peperoncino in polvere ½ cucchiaino

foglie di curry 5

lime 1

acqua 1 bicchiere

sale preferibilmente himalayano 1 pizzico

ghi 1 cucchiaio

Questo piatto è tipico della tradizione Indiana , specialmente al sud.

Di sapore e vipaka piccante, aiutano vata e aumentano il fuoco digestiv. Sono anche indicate per stimolare la diuresi.

Così cotte, si possono servire accompagnate a dello yogurt per smorzare la valenza di fuoco dovuta alle spezie del garama masala.

PREPARAZIONE

Lavate e tagliate a dadi le melanzane e i pomodori.

Fate scaldare in una padella il ghi.

Mettetevi a tostare le arachidi, i semi di sesamo, i peperoncini freschi tagliati a pezzetti, il cocco grattugiato, aggiungete un pochino di acqua e lasciate andare a fuoco moderato.

In un'altra padella, scaldate il ghi e versatevi i pomodori. Lasciateli andare per un paio di minuti.

Aggiungete i pomodori al battuto precedentemente soffritto e aggiungete anche le spezie rimaste, ovvero le foglie di curry, e il resto dei peperoncini. Aggiungete acqua e il succo del lime spremuto.

A questo punto versate le melanzane, la restante acqua e fate andare per circa 15'.

Servite caldo accompagnato da qualche naan.

VERDURE CON MASALA

INGREDIENTI

verdure di stagione 500 gr

rape rosse medie 2

latte di cocco 1 tazza

farina di riso 1 cucchiaio

olio di girasole 2 cucchiai

alloro 1 foglia

cannella un pezzetto

cardamomo 5

pepe nero ½ cucchiaino

chiodi di garofano 3

peperoncino verde fresco 1

cumino in polvere ½ cucchiaino

zucchero di canna 1 cucchiaino

anice stellato 1

zafferano 1gr

cipolla bianca 1

sale q.b.

PREPARAZIONE

Mondate le rape e tagliatele a dadini.

Cuocetele in acqua nella pentola a pressione per una ventina di minuti.

A parte, mettete lo zafferano in mezzo bicchiere di acqua tiepida.

Mondate le cipolle e tagliatele finemente, aiutandovi con la mezzaluna.

Scaldate appena il latte di cocco e diluitevi il pepe nero. Lasciare a parte.

Scaldate l'olio in una casseruola o wok.

Versate l'alloro, la cannella, il cardamomo, i chiodi di garofano, il peperoncino.

Lasciar andare fino a leggera indoratura a fiamma bassa.

Aggiungere la cipolla e lasciar soffriggere per qualche minuto, fino a che la cipolla non sarà appassita e dorata appena.

A questo punto aggiungete il cucchiaino di zucchero, l'anice stellate e il cumino.

Continuare a fiamma bassa ancora per 1 minuto.

Versare le rape che avete cotto nella pentola a pressione e aggiungere le altre verdure tagliate finemente con il latte di cocco e con il pepe che avevate lasciato macerare. Alzare un poco la fiamma e lasciar andare fino ad assorbimento.

Versare poi l'Acqua con lo zafferano e un

pizzico di sale, fino ad assorbimento, sempre a fiamma non alta, ma moderata.

Fate sobbollire per un paio di minuti.

Potete servire con salsa di yogurt e accompagnare le verdure con i naan.

TANDOORI CHICKEN

INGREDIENTI

Pollo cosce a sovraccosce circa 600gr

Paprika 2 cucchiai abbondanti

Peperoncino kashmiro 3 cucchiai

Olio q.b.

Non serve necessariamente avere un tandoori tradizionale per preparare questo piatto. L'importante è che la marinatura sia perfetta ed eseguita con cura. È uno dei piatti tradizionale internazionalmente riconosciuti.

Il peperoncino kashmiro è ciò che rende il pollo tandoori di quel tipico colore rosso-violaceo se lo si lascia marinare in questa saporitissima spezia per qualche ora, insieme alla paprika.

Si serve con una spolverata di zafferano, la regina delle spezie.

È un piatto caldo, pesante, ottimo per l'inverno.

Può essere stemperato e reso più digeribile, accompagnato da salsa di yogurt.

PREPARAZIONE

per la marinatura:

Prendete il pollo tagliato a pezzi, cosce e sovraccosce. Mettetele in un recipiente dove verserete per la marinatura la paprika e il peperoncino kashmiro e massaggiate con l'olio perché le spezie vengano ben assorbite.

La marinatura, per essere ottimale, dovrà riposare per almeno 12 ore, meglio se 24 ore.

Alla fine del tempo, dovrà essere di un colore rosso violaceo molto vivace.

Al termine della marinatura, in forno preriscaldato a 180C infornate. Lasciate cuocere per 40'-45', dipende dalla grossezza dei pezzi del pollo.

Servite in un piatto con una spolverata di zafferano.

Il pollo tandoori è perfetto se servito con salsa di yogurt e menta a parte.

Accompagnare con qualche naan.

Buon appetito!!!

MANZO CON SALSA DI YOGURT E CETRIOLO

INGREDIENTI

yogurt 1 tazza

cetriolo 2

cipolla 1

peperoncino verde fresco 1

menta fresca 1 ciuffo

cumino 1 cucchiaino

aglio 2 spicchi

sale q.b.

manzo 400 gr

olio q.b.

Il manzo è considerate per la medicina ayurvedica pesante, dolce. Generalmente non consumato dagli induisti, può essere sostituito dall'agnello.

PREPARAZIONE

Tagliate finemente come un battuto, il peperoncino, la cipolla e il cetriolo, tutto separatamente.

Aggiungete allo yogurt I cetrioli e la menta e lasciate riposare.

In un recipiente mettete la cipolla, il peperoncino, il cumino, l'aglio anch'esso tritato e versate il manzo tagliato a grossi dadi. Lasciate marinare per una mezz'ora.

Preriscaldate il forno a 180C.

Infornate per circa 35'-40', dipende dalla grossezza dei dadi di carne.

Servite con la salsa di yogurt a parte e qualche naan di accompagnamento.

CAPRETTO AL CURRY

INGREDIENTI

Cipolla 1

Aglio 10 spicchi

Zenzero 1 pezzo

Olio 1 bicchiere (di semi o d'oliva)

Peperoncino verde fresco 2

Foglie di curry 6 o 7

Timo 1 ciuffo

Curry 1 cucchiaio abbondante

Capretto tagliato a pezzi grossolanamente 700gr

Pomodori 7

Lime 1 (il succo)

Coriandolo fresco 1 ciuffo

Questo piatto non è complicato. È molto nutriente ed è ideale se servito con riso bianco a parte. Alimento completo, l'agnello è considerata la carne più equilibrata esistente in natura, indicate per tutte le età e le stagioni.

PREPARAZIONE

Tritare a battuto, con una mezzaluna, la cipolla, l'aglio e lo zenzero.

Scaldare l'olio in una padella.

Aggiungere il battuto e lasciar soffriggere a fuoco basso per qualche minuto, fino a che la cipolla si sia appassita e sia diventata dorata, leggermente.

Versare i peperoncini tritati, le foglie di curry, il curry in polvere. Lasciar andare per un minuto per tostarli delicatamente.

Versare i pezzi di carne nella padella e lasciar andare per 5', fino a che la carne non risulti scottata su tutti i lati.

Aggiungere i pomodori tagliati a piccolo dadini.

Alzare la fiamma e coprire.

Lasciar andare per circa 10' e aggiungere pochissima acqua, se necessario.

Se desiderate che la carne sia più speziata, potete aggiungere del garam masala alle altre spezie che adesso andrete ad aggiungere insieme al coriandolo fresco.

Servire con riso bianco a parte.

KERALA FISH CURRY

INGREDIENTI

merluzzo (o altro pesce) 500 gr

scalogno 4

coriandolo 1 cucchiaino

zenzero un pezzo

semi di mostarda 1 cucchiaino

fieno greco 1 cucchiaino

foglie di curry 5

peperoncino fresco verde o rosso 2

curcuma 1 cucchiaio

acqua 1 bicchiere

olio q.b.

Il pesce ideale per preparare questo piatto può essere il palombo, ma anche il pesce spada può andare benissimo. Perfetto è il baccalà ammollato. Per i palati più delicati è indicato anche lo scorfano. Vi potete sbizzarrire.

Il pesce è un piatto caldo e pesante, e secondo l'ayurveda non dovrebbe essere consumato in eccesso.

Gli indiani usano il kudampuli, una specie di merluzzo, con aggiunta di sardine.

È un piatto molto speziato, saporitissimo, da servire con riso bianco è l'ideale.

PREPARAZIONE

Fate scaldare l'olio di cocco in una casseruola e aggiungete i semi di mostarda per tostarli, insieme alle foglie di curry e il fieno greco.

Lasciate andare per un minuto.

Pestate lo zenzero in un mortaio e aggiungete i peperoncini freschi tritati nella padella, con lo scalogno precedentemente tritato a battuto.

Aggiungete subito un pizzico di sale e versate lo zenzero nella padella, facendo andare il soffritto per 2 o 3 minuti a fuoco moderato.

Mettete in un piccolo recipiente, la curcuma, il coriandolo, la polvere di peperoncino. Potete usare anche peperoncino kashmiro, quello più scuro.

Versate la miscela nella padella e lasciate andare a fiamma basse per un paio di minuti, fino a che non si sarà amalgamato tutto all'olio caldo.

A questo punto versate mezzo bicchiere di acqua nella padella insieme a questo soffritto.

Versare il pesce e lasciar andare a fuoco moderato per 5'.

Coprire con il coperchio.

Attendere la complete cottura del pesce, 10' circa, dipende dalla grossezza dei pezzi.

Rimuovete le foglie di curry e servite.

RASMALAI

INGREDIENTI

farina q.b.

latte condensato 1 tubetto

latte fresco 1 bicchiere

panna liquida 250cl

zafferano 1 gr

pistacchi un cucchiaio

cardamomo 3

acqua di rose 2 cucchiai

Il Rasmalai è un dessert tipico del Bengala e delle regioni orientali dell'India.

Significa : dolce di formaggio.

Il Bengala è la regione più famosa per la produzione dolciaria, numerose sono infatti le pasticcerie e i negozi di dolciumi.

Consiste in una pallina di pasta di latte concentrato, servito con una crema aromatizzata al cardamomo o allo zafferano.

Viene fatto bollire il latte, con l'aggiunta di lime o aceto per la cagliatura.

La cagliata, del latte ormai solidificato, viene poi tagliata a pezzi e divisa in tante piccole palline. Vengono poi cotte nel latte, con i pistacchi, il cardamomo e lo zafferano.

Se non riuscite a cagliare il latte alla maniera Indiana, potrete procedure con il fare un impasto di farina e latte condensato e l'aggiunta di zucchero.

In un pentolino farete bollire il latte con le spezie e vi verserete le palline per aromatizzarle.

Da servire con panna fresca (come variante), non montata, con una spruzzata di acqua di rose e zafferano e una spolverata di pistacchi tritati.

PALLINE DI SESAMO

INGREDIENTI

semi tostati misti (sesamo, girasole, papavero, zucca...) 60-80 gr

uvetta e o datteri 30 gr

zafferano 1gr

cardamomo 3

ghi q.b.

cocco grattugiato

Sono dolcetti piacevoli, semplici, senza aggiunta di zucchero o miele, quindi non è un cibo pesante e viene spesso preparato vicino e in prossimità dei templi per essere offerto agli dei.

PREPARAZIONE

In un frullatore mettete tutti i semi.

Dopo che avrete frullato i semi, aggiungete l'uvetta o i datteri o tutti e due.

Mescolate in un recipiente Il composto frullato, insieme al ghi e alle spezie. Il cardamomo vi consigliamo di pestarlo nel mortaio.

La quantità di ghi varierà a secondo della consistenza della pasta, che dovrà essere adatta a farne delle palline di 2- 3cm di diametro.

Spolverate, se lo desiderate, con il cocco grattugiato.

MASALA CHAI

INGREDIENTI

tè nero assam la quantità di due bustine o 1 cucchiaio pieno se sfuso

latte 1 bicchiere e 1/2

cardamomo 3

cannella 1 stecca di 10 cm

chiodi di garofano   4

zenzero 30gr

noce moscata ½ noce

anice stellato 2

Il chai è un simbolo dell'India che tutti conosciamo.

Il classico bicchiere di tè speziato con il latte, servito ovunque e ad ogni angolo della strada è entrato a far parte delle comuni abitudini di tutti gli indiani ed è molto amato in tutto il mondo, tanto che esistono persino bevande confezionate che offrono questa miscela già preparata da consumare fredda o calda.

Certamente, se vi capiterà di viaggiare in India, il classico bicchierino caldo di chai non mancherà mai.

Si beve nei momenti di pausa, a fine pasto, si serve agli ospiti e lo vendono sul treno gli ambulanti.

Il cardamomo mitiga pitta e kapha; la cannella mitiga pitta e aumenta kapha; il chiodo di garofano aumenta pitta e mitiga kapha; lo zenzero mitiga pitta e aumenta kapha; la noce moscata mitiga vata, aumenta pitta e kapha; l'anice stellato mitiga pitta e mitiga kapha.

Proprio grazie alla proprietà di queste spezie, il

chai è un ottimo digestivo, in particolare per digerire i piatti molto speziati, tipici della cucina indiana, soprattutto quelli del nord.

È una bevanda calda, un tonico eccellente, consigliato per l'inverno.

Le indicazioni sulle qualità dei doshas, vi aiuteranno a regolarvi nella preparazione, a seconda della vostra predisposizione, vata, pitta o kapha.

PREPARAZIONE:

Pestate in un mortaio tutte le spezie.

A parte in un pentolino, versate dell'acqua, circa ¾ lt per ogni due bustine di tea. Versate le spezie nell'acqua e portate ad ebollizione per 2'.

Aggiungete il tea, abbassando la fiamma e lasciate bollire il tutto per un altro minuto.

Aggiungete il latte e lasciate sfumare delicatamente fino ad una prima ebollizione e spengete subito il fuoco.

Servire con aggiunta di zucchero oppure senza.

BADAM DOODH

INGREDIENTI

latte intero ½ lt

mandorle 25

cucchiai di zucchero 6

cardamomo 5

zafferano 1 pizzico

acqua di rose ½ cucchiaio

zafferano, petali di rosa fresca, mandorle tritate per guarnire

"Badam" in hindi significa mandorla. "Doodh" significa latte. Badam doodh è ciò che si chiede al ristorante e, a volte, quando si è fortunati anche per strada. Il latte alle mandorle con aggiunta di acqua di rosa è un dissetante ideale per i giorni di calura, specialmente nel sud dell'India. Il latte è considerato dall'ayurveda la migliore delle sostanze, l'essenza delle creature, il cibo che il corpo umano stesso produce e anche gli altri mammiferi. È dolce, fresco, untuoso, lucido, cura l'insonnia, e placa i bruciori di stomaco. Con l'aggiunta di zafferano, considerata la regina delle spezie quasi assimilabile ad una panacea e l'acqua di rose, afrodisiaca, la bevanda di latte alle mandorle aiuta a ritrovare anche una certa serenità e può essere afrodisiaca.

Le mandorle oltretutto, fra tutta la frutta secca, è sempre consigliata e possiede proprietà ringiovanenti. Ricordiamo anche che il cardamomo abbassa tutti e tre i livelli dei dosha e, nonostante sia una spezia considerata di natura calda, non incrementa pitta, grazie anche alla sua qualità vagamente aspra e dolce. È una spezia dunque che rinfresca dolcemente e scalda dolcemente, dunque equilibrata. Anche il cardamomo, come il latte, come lo zafferano e come le mandorle, ha proprietà ringiovanenti.

Il Badam doodh è un vero elisir di lunga vita.

PREPARAZIONE:

Mondate le mandorle dopo averle lasciate a bagno per almeno due ore. Questo vi aiuterà a pelarle dalla loro pellicina scura. Dovranno essere tutte bianche e pulite.

Prendete un frullatore e versate un bicchiere del latte e le mandorle, fintanto che il tutto non abbia raggiunto la consistenza di una pasta. Mettete da parte la pasta ottenuta.

Essiccate i fiori di zafferano, avvicinandoli ad una fonte di calore per pochi minuti e poi pestateli nel mortaio per ottenerne la polvere.

Mettere da parte.

Usare il mortaio anche per pestare i semi del cardamomo e mettere anche questi da parte.

Con il latte rimasto, e la pasta di mandorla, mettete tutto in un pentolino sul fuoco e portate a calore senza raggiungere l'ebollizione subito, ma a fuoco lento, perché il latte non bruci. Girare continuamente.

Appena il latte sfiora l'ebollizione, abbassate il fuoco al minimo e continuate a girare per 20'.

Rimuovere il tutto dal fuoco e raffreddare.

Quando sarà raffreddato, aggiungere l'acqua di rose.

Lasciare riposare in frigo.

Potrete servire il badam doodh, guarnendolo con petali di rosa, qualche fiore di zafferano, e un pizzico di mandorle tritate.

LASSI

INGREDIENTI

yogurt 2 tazze

zucchero 3 cucchiai

½ tazza di acqua fredda

cardamomo 1 cucchiaio (pestato al mortaio)

frutta secca tritata: mandorle, anacardi, pistacchi, uvetta

Il Lassi è la bevanda per eccellenza, consumata per colazione, per merenda, con i pasti a pranzo e a cena.

È una costante della tradizione Indiana e aiuta a digerire. Non consumatene in eccesso di inverno.

PREPARAZIONE

In un frullatore versate lo yogurt e l'acqua. Dovrà essere uno yogurt poi liquido da bere.

Aggiungete lo zucchero e frullate.

Aggiungere poi il cardamomo.

Si può aggiungere anche la frutta, ad esempio il lassi al mango è davvero speciale.

Guarnite con la frutta secca tritata.

www.ingramcontent.com/pod-product-compliance
Lightning Source LLC
Chambersburg PA
CBHW072203100526
44589CB00015B/2349